초간단
우리 강아지
간식 50

저비용, 단시간에 건강하고 정성 가득한 반려견 음식 만들기!

초간단 우리 강아지 간식 50

김지우 지음

시원북스

일러두기

- 조리법에 쓰인 재료의 양은 'ml', 'g'과 같은 정확한 계량 표기와 '숟가락', '종이컵'과 같은 편한 계량 표기를 함께 적었습니다. 조리하실 때 정확한 계량에 구애 받지 않으셔도 됩니다.
- 조리법에 쓰인 락토프리우유는 '덴마크 소화가 잘되는 우유'를 사용했습니다. 브랜드는 상관없으나, 유당이 제거된 제품으로 사용해 주세요.
- 조리법에 쓰인 무가당 그릭요거트는 '풀무원 그릭요거트'를 사용했습니다. 브랜드는 상관없으나, 설탕과 첨가물이 들어가지 않은 제품으로 사용해 주세요.
- 조리법에 쓰인 아기치즈는 '앙팡 아기치즈 1단계'를 사용했습니다. 브랜드는 상관없으나, 염분과 첨가물이 없는 1단계 아기치즈로 사용해 주세요.

> 우리에게 기쁨과 행복을 주는 반려견.
> 늘 사료만 주는 것이 마음 쓰였지만,
> 손수 간식을 만드는 것은 엄두가 안 나셨죠?
>
> 이 책이 당신의 반려견 간식 만들기를 시작하게 해 드릴게요.
> 간편하게 만들어 먹이면서
> 반려견과의 유대감도 높아지길 바랍니다.

머리말

반려견 간식 레시피 책을 쓰게 된 이유

바쁜 반려인들을 위해 만들기 편하면서 건강도 챙긴 초간단 강아지 간식 레시피!

반려인들은 강아지에게 건강하고 맛있는 음식을 만들어 주고 싶지만 어떤 게 맛있는지, 뭐가 건강한지, 어떻게 만들어야 할지를 잘 몰라 현실적인 어려움에 부딪혀 포기하는 경우가 많아요. 저도 반려견을 기른 지 얼마 되지 않았을 때는 당장 사료만 챙겨 주기도 바빴지만 사료 때문에 알레르기, 구토, 설사를 달고 사는 저희 강아지를 보니 '이건 안되겠다. 우리 애기 건강은 내가 챙겨 줘야지!'라는 생각에 다양한 레시피를 만들기 시작했습니다.

하지만 막상 시작해 보니 참고할 반려견 음식 레시피가 별로 없었고, 재료도 생각보다 여러 가지가 필요해서 음식을 만들고 나면 버리는 재료가 많더라고요. 몇 번의 실패와 반복을 거듭하면서 '건강하고 적은 재료'로 '쉽고 간단한 레시피'

를 만들게 되었고, 덕분에 바쁜 일상 속에서도 우리 강아지를 위한 간식을 계속해서 만들 수 있었습니다.

저와 같은 고민을 가진 반려인들이 많을 거라 생각합니다. '주식 외의 간식을 내가 직접 만들어서 주고 싶다', '우리 강아지 맞춤 간식을 만들고 싶다', '그러나 시간이나 비용이 많이 들지 않고 간단한 과정으로 만들었으면 좋겠다' 등의 생각을 가진 반려인을 위해 〈초간단 우리 강아지 간식 50〉을 내게 되었습니다. 여러분의 반려견 사랑에 보탬이 되어 드릴게요.

〈초간단 우리 강아지 간식 50〉의 특징

건강한 요리도 맛있어야 먹지!

우리 강아지들이 먹고 있는 건사료, 개껌, 육포…… 과연 건강할까요? 많은 분들이 모르고 계시지만 사실 건사료나 개껌, 육포 등의 강아지 음식엔 많은 인공 첨가물과 방부제 등이 들어가 있어요. 이러한 첨가물이 강아지 건강에 영향을 미쳐 다양한 증상의 원인이 되기도 하죠. 하지만 강아지들은 아무리 건강해도 맛없으면 안 먹는 거, 아시죠? 건강해지라고 열심히 만들어 줬는데 강아지가 안 먹으면 아무 소용이 없겠죠.

그래서 이 책은 강아지들이 좋아하고, 강아지 몸에도 좋은 재료들로 맛있게 만드는 레시피로만 엄선해서 구성했어요! 강아지들이 야채라고 싫어하는 게 아니라 식감과 냄새에 따라 좋아하는 재료가 있거든요. 이 책에서 제공하는 레시피로 입맛 까다로운 우리 강아지도 좋아할 간식을 만들어 보세요!

누구나 따라 할 수 있어야지!

귀한 우리 강아지를 위한 간식인 만큼 언제 어디서든 해 줄 수 있는 것이 중요하죠. 때문에 쉽게 구할 수 있는 재료 약 2~4가지에, 숟가락만 가지고도 만들 수 있는 방법으로 만들었어요! 요알못도 쉽게 따라 할 수 있답니다. 조리 방식도 전자레인지나 에어프라이어, 가스레인지 등 가정에 흔히 있는 제품으로 10분 정도면 만들 수 있는 것들로 준비했습니다.

간단한 재료와 간편한 과정, 저렴한 비용과 짧은 시간에 만들 수 있는 레시피면서도 건강하고 정성 가득한 결과물만 담았습니다!

우리도 먹을 수 있는 재료로!

반려견만을 위한 요리를 하다 보면, 재료가 남아서 버리는 경우가 있으실 거예요. 이런 문제를 해결하기 위해 고구마나 감자, 단호박, 브로콜리, 두부 등 가정 내 냉장고에 흔히 있거나 마트에서 쉽게 구할 수 있으면서도 보호자도 먹을 수 있는 재료들로 레시피를 구성했어요. 비싸지 않은 비용으로 강아지의 건강도 챙기고 우리도 먹을 수 있는 일석삼조 레시피!

실용적이고 직관적인 도서 구성!

본격적으로 레시피를 시작하기 전, 이 책의 레시피에 사용되는 재료를 12~18쪽에 정리했습니다. 총 26개의 재료로 책 속 반려견 간식 50가지를 모두 만들 수 있는데요, 어떤 재료가 필요한지 한눈에 확인할 수 있답니다. 또 각 재료별 영양 정보와 재료가 쓰인 조리법의 쪽수를 제시하여 우리 강아지 건강에 맞는 음식, 지금 냉장고에 있는 재료로 만들 수 있는 음식을 단박에 찾을 수 있어요!

19쪽에는 반려견 몸무게에 따른 하루 급여량(kcal) 표를 제시하여 내가 만든 간식을 우리 강아지가 얼마나 먹으면 될지 파악하기 쉽게 했습니다. 본문 레시피에는 조리 시간과 음식 칼로리는 물론, 보관 방법까지 제시하여 직접 만든 간식을 어떤 방법으로 얼마나 두고 먹여도 되는지를 안내하였습니다.

〈초간단 우리 강아지 간식 50〉과 함께라면 남녀노소 누구나, 요리 실력과 상관없이 반려견 간식을 만들어 먹이는 데에 성공할 거예요!

이 책을 더 효과적으로 활용하는 팁

우리 강아지한테는 얼마나 급여해 주면 되나요?

강아지는 체중과 활동량에 따라 급여해야 하는 칼로리가 다르기 때문에 이에 맞추어 급여해 주시는 것이 좋아요! 레시피마다 완성된 총량의 칼로리를 보면서 우리 강아지의 체중에 맞는 양을 급여해 주세요.

우리 강아지가 해당 재료에 알레르기가 있어요

레시피 재료 중에 강아지가 알레르기를 보이는 재료가 있다면, 해당 재료를 다른 재료로 대체하거나 생략하시면 됩니다(생략 가능한 레시피의 경우). 예를 들어 쌀가루가 사용된 레시피의 경우, 쌀가루는 생략이 불가능한 재료이기 때문에 쌀가루 대신 알레르기가 적은 오트밀 가루를 쌀가루와 동일한 양으로 사용하시는 것을 추천드려요.

차례

머리말 • 6

이 책에 쓰이는 재료 • 12

반려견 몸무게별 하루 급여 칼로리 • 19

1장 전자레인지 활용 음식

① 바나나당근케이크　22
② 바나나콜리케이크　24
③ 호박구마케이크　26
④ 감자케이크　28
⑤ 치즈케이크　30
⑥ 감자칩　32
⑦ 고구마칩　34
⑧ 두부칩　36
⑨ 두부콜리칩　38

⑩ 바나나쿠키　40
⑪ 우유쿠키　42
⑫ 치즈과자　44
⑬ 오트밀크래커　46
⑭ 치즈팝콘　48
⑮ 계란푸딩　50
⑯ 카스텔라　52
⑰ 고구마수프　54

2장 에어프라이어 활용 음식

① 고구마꽈배기 58
② 고구마마가렛 60
③ 에그타르트 62
④ 고구마도넛 64
⑤ 감자베이글 66
⑥ 당근두부스콘 68
⑦ 바나나빵 70
⑧ 치즈홈런볼 72
⑨ 두부볼 74
⑩ 고구다치즈볼 76
⑪ 바나나치즈볼 78
⑫ 메추리알볼 80
⑬ 병아리콩팝콘 82
⑭ 나초 84
⑮ 닭가슴살꿔바로우 86
⑯ 두부시리얼 88
⑰ 참깨스틱 90
⑱ 계란과자 92

3장 NO 전자제품 활용 음식

① 바나나아이스크림 96
② 베리요거트칩 98
③ 바나나젤라또 100
④ 크림파스타 102
⑤ 단호박뇨끼 104
⑥ 호박전 106
⑦ 동그랑땡 108
⑧ 떡국 110
⑨ 송편 112
⑩ 치즈구마호떡 114
⑪ 닭가슴살소시지 116
⑫ 바나나푸딩 118
⑬ 우유케이크 120
⑭ 양갱 122
⑮ 멍푸치노 124

칼로리순에 따른 음식 색인 • 127

이 책에 쓰이는 재료

여기에 있는 26개의 재료로 이 책의 50가지 음식을 모두 만들 수 있어요! 각 재료별 영양 정보와 재료가 쓰인 조리법의 쪽수를 제시했으니, 참고하시어 반려견에게 만들어 줄 음식을 골라 보세요.

곡류 및 전분류

❶ 감자

[영양 정보] 섬유질이 풍부하여 장 운동을 돕고, 칼륨을 함유하여 혈액 순환에 도움.
[쓰인 쪽수] 29, 33, 67쪽

❷ 고구마

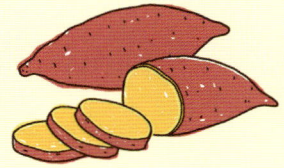

[영양 정보] 섬유질이 풍부하여 장 운동을 돕고, 비타민 A와 C가 함유되어 면역력을 강화.
[쓰인 쪽수] 27, 31, 35, 55, 59, 61, 63, 65, 77, 91, 93, 113, 115쪽

❸ 라이스페이퍼

[영양 정보] 쌀로 구성되어 간식으로 급여 가능. 식감이 좋아 각종 채소나 육류와 함께 급여하면 반려견에게 씹는 즐거움을 줌.
[쓰인 쪽수] 49, 87쪽

❹ 병아리콩

[영양 정보] 식이섬유가 풍부하여 배변 활동을 돕고, L-아르기닌이 풍부하여 혈액 순환 개선 및 노화 방지에 도움.
[쓰인 쪽수] 83쪽

❺ 쌀가루

영양 정보 소화가 잘 되고 부드러운 식감을 가져, 소화력이 약하거나 노령견에게 좋은 재료.

쓰인 쪽수 23, 25, 31, 41, 43, 53, 59, 61, 63, 65, 67, 71, 73, 75, 79, 89, 91, 93, 97, 105, 107, 111, 113, 115쪽

❻ 오트밀

영양 정보 식이섬유가 풍부하여 소화 기능에 도움. 베타글루칸이 풍부하여 콜레스테롤 수치 감소에 도움.

쓰인 쪽수 47쪽

채소 및 과일류

❼ 단호박

영양 정보 식이섬유가 풍부하여 장 운동을 돕고, 비타민 A와 C가 함유되어 면역력을 강화.

쓰인 쪽수 27, 105, 123쪽

❽ 당근

영양 정보 식이섬유가 풍부하여 소화 기능에 도움. 베타카로틴과 비타민 A를 함유하여 눈 건강과 면역력을 강화.

쓰인 쪽수 23, 29, 67, 69, 109, 117쪽

❾ 두부

영양 정보 식물성 단백질과 아미노산이 풍부하여 영양 섭취에 도움. 식이섬유가 풍부하여 장 운동 촉진.
쓰인 쪽수 37, 39, 69, 75, 89, 109쪽

❿ 두부면

영양 정보 식물성 단백질과 영양 성분이 풍부하여 영양 섭취 및 피부 건강에 도움. 식감이 좋아 기호성이 좋음.
쓰인 쪽수 103쪽

⓫ 바나나

영양 정보 식이섬유와 마그네슘이 풍부하여 소화 기능을 개선. 비타민 C, 칼륨, 비타민 B6도 풍부하여 신체 균형 유지에 도움. 음수량 충전에도 도움.
쓰인 쪽수 23, 25, 41, 71, 79, 97, 101, 119쪽

⓬ 브로콜리

영양 정보 비타민과 미네랄이 풍부하여 노화 예방에 도움. 식이섬유가 풍부하여 소화 기능에 도움.
쓰인 쪽수 25, 39, 81쪽

이 책에 쓰이는 재료

⓭ 블루베리

영양 정보 비타민 A와 C가 함유되어 항산화 효능이 있음. 안토시아닌이 풍부하여 눈 건강에 도움.

쓰인 쪽수 99, 101쪽

⓮ 애호박

영양 정보 식이섬유가 풍부하여 장 운동 촉진 및 소화 기능에 도움. 베타카로틴 및 각종 비타민, 항산화 성분이 풍부하여 면역력 강화에 도움.

쓰인 쪽수 107쪽

⓯ 캐롭파우더

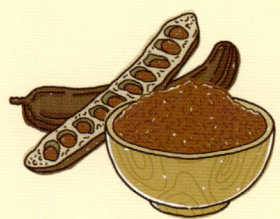

영양 정보 탄닌 성분을 함유하여 설사 및 소화 기능에 도움. 칼로리가 낮은 저지방 재료.

쓰인 쪽수 125쪽

⓰ 포두부

영양 정보 식물성 단백질과 미네랄, 칼슘이 풍부하여 근육 및 뼈 성장, 피부 및 모질 건강에 도움. 식감이 좋아 기호성이 좋음.

쓰인 쪽수 85쪽

⓱ 한천가루

영양 정보 칼로리가 매우 낮고, 포만감이 높아 체중 관리에 도움. 배변 활동을 도와 노폐물 배출에 좋음.

쓰인 쪽수 121, 123쪽

고기 및 알류

⓲ 계란

영양 정보 단백질과 필수 아미노산이 풍부하여 근육 유지와 성장에 도움. 각종 비타민과 엽산 함유.

쓰인 쪽수 23, 25, 27, 29, 31, 41, 51, 53, 61, 63, 79, 89, 93, 97, 105, 107, 119쪽

⓳ 닭가슴살

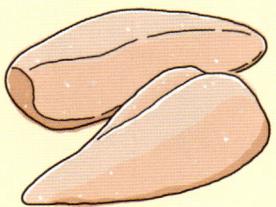

영양 정보 대표적인 저지방 고단백 육류로 근육 및 뼈 성장을 돕고, 체중 관리에 좋음. 오메가-6 지방산을 함유하여 피부 건강에 도움.

쓰인 쪽수 81, 87, 111, 117쪽

이 책에 쓰이는 재료

⑳ 돼지안심

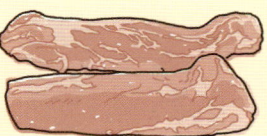

영양 정보 단백질, 비타민 B12, 철분이 풍부하여 근육 및 뼈 성장에 도움. 지방 함량이 적고 기호성이 높아 원기 회복에 도움.

쓰인 쪽수 109쪽

㉑ 메추리알

영양 정보 비타민과 미네랄이 풍부하여 피부 및 모질 건강에 도움. 각종 영양소를 함유하여 피로 해소 및 면역력 강화에 도움.

쓰인 쪽수 81쪽

우유 및 유제품

㉒ 락토프리우유(혹은 펫밀크)

영양 정보 칼슘이 풍부하여 뼈 건강에 도움.
※ 유당이 제거된 '락토프리우유' 혹은 '펫밀크'로 사용해 주세요.

쓰인 쪽수 31, 43, 51, 53, 55, 59, 67, 73, 97, 103, 105, 111, 121, 125쪽

㉓ 무가당 그릭요거트

영양 정보 유산균과 효모가 풍부하여 소화 기능을 개선. 단백질이 함유되어 영양분 섭취에 도움.
※ 첨가물이 없는 무가당 제품으로 사용해 주세요.

쓰인 쪽수 99쪽

이 책에 쓰이는 재료

㉔ 아기치즈

영양 정보 단백질, 지방이 풍부하여 각종 영양 섭취를 돕고, 칼슘이 풍부하여 어린 강아지의 성장 발달에 도움.
※ 염분과 첨가물이 없는 1단계 아기치즈를 사용해 주세요.
쓰인 쪽수 31, 43, 45, 49, 53, 55, 59, 67, 73, 75, 77, 79, 91, 103, 115쪽

유지류

㉕ 검은깨

영양 정보 안토시아닌이 풍부하여 노화 방지를 돕고, 리콜레산 성분이 풍부하여 콜레스테롤 수치 감소에 도움.
쓰인 쪽수 47, 91쪽

㉖ 올리브오일

영양 정보 식물성 지방이 풍부하여 변비 예방에 도움. 불포화 지방산을 함유하여 피부 및 모질 건강에 도움.
쓰인 쪽수 23, 25, 27, 29, 41, 47, 51, 53, 83, 107, 109, 115쪽

● 반려견 몸무게별 하루 급여 칼로리 ●

반려견의 간식은 반려견이 하루에 필요한 전체 급여량의 약 10% 정도로 급여해 주시는 것이 좋아요. 이러한 하루 급여량을 계산하기 위해서는 반려견의 최소한의 에너지를 계산하는 RER(Resting Energy Requirments) 공식을 이용할 수 있어요.

RER(kcal/day)=(강아지 체중(kg)*30)+70

RER은 특정 몸무게의 강아지가 하루에 필요한 최소한의 급여량 계산식으로, 강아지의 건강 상태나 비만, 중성화 여부, 성장 상태, 활동량 등에 따라 RER에 활동 계수를 곱하여 급여하는 것이 좋아요. 하지만 활동 계수는 일반적으로 판단하여 정확한 급여량이 나오기 어려우므로, RER을 반려견 최소 급여량의 참고 지표로 활용해 주세요.

〈몸무게에 따른 반려견 하루 최소 급여량 표〉

반려견 몸무게	하루 급여량(kcal)	하루 간식 급여량(kcal)
1.5kg	115	11.5
2kg	130	13
3kg	160	16
5kg	220	22
7kg	280	28
9kg	340	34
10kg	370	37
15kg	520	52

MENU

1. 바나나당근케이크
2. 바나나콜리케이크
3. 호박구마케이크
4. 감자케이크
5. 치즈케이크
6. 감자칩
7. 고구마칩
8. 두부칩
9. 두부콜리칩
10. 바나나쿠키
11. 우유쿠키
12. 치즈과자
13. 오트밀크래커
14. 치즈팝콘
15. 계란푸딩
16. 카스텔라
17. 고구마수프

1장
전자레인지 활용 음식

전자레인지 활용 음식 1

바나나당근케이크

누적 조회수
190.1만
(25/10/1 기준)

조리 시간
20분

보관 방법
냉장 3일, 냉동 2주

칼로리
전체 분량 190kcal

재료

 당근 20g
(다졌을 때 2큰술 정도)

 바나나 1/2개

 계란 1개

 쌀가루 20g
(약 3큰술)

 올리브오일 약간
(코코넛오일로 대체 가능)

조리법

당근을 말랑해질 때까지 데친 후 다진다.

바나나를 으깬 후 계란, 1의 당근, 쌀가루를 넣고 잘 섞는다.

전자레인지용 용기에 오일을 살짝 바른 뒤 2의 반죽을 담아 윗면을 매끈하게 다듬는다.

3의 용기에 랩을 씌운 후 작은 구멍을 몇 개 뚫고, 전자레인지에 3분간 돌린다.

전자레인지에서 용기를 꺼내 식힌 후, 케이크를 용기에서 꺼낸다.

 **TIP**

▶ 오일을 발라야 굽고 난 뒤 케이크가 용기에서 잘 떨어집니다.

▶ 전자레인지에서 익힌 후 반죽을 젓가락으로 찔렀을 때 반죽이 묻어 나오면 30초~1분 정도 더 돌려주세요.

전자레인지 활용 음식 2

바나나콜리케이크

누적 조회수
26.6만
(25/10/1 기준)

조리 시간
20분

보관 방법
냉장 3일, 냉동 2주

칼로리
전체 분량 190kcal

재료

 브로콜리 20g
(다졌을 때 2큰술 정도)

 바나나 1/2개

 계란 1개

 쌀가루 20g
(약 3큰술)

 올리브오일 약간
(코코넛오일로 대체 가능)

조리법

브로콜리를 말랑해질 때까지 데친 후 다진다.

바나나를 으깬 후 계란, 1의 브로콜리, 쌀가루를 넣고 잘 섞는다.

전자레인지용 용기에 오일을 살짝 바른 뒤 2의 반죽을 담아 윗면을 매끈하게 다듬는다.

3의 용기에 랩을 씌운 후 작은 구멍을 몇 개 뚫고, 전자레인지에 3분간 돌린다.

전자레인지에서 용기를 꺼내 식힌 후, 케이크를 용기에서 꺼낸다.

 **TIP**

▶ 오일을 발라야 굽고 난 뒤 케이크가 용기에서 잘 떨어집니다.

▶ 전자레인지에서 익힌 후 반죽을 젓가락으로 찔렀을 때 반죽이 묻어 나오면 30초~1분 정도 더 돌려주세요.

025

🔲 전자레인지 활용 음식 3

호박구마케이크

누적 조회수
16.6만
(25/10/1 기준)

🕐 조리 시간	🔲 보관 방법	🍽 칼로리
20분	냉장 3일, 냉동 2주	전체 분량 170kcal

 **재료**　　　　　 **조리법**

 단호박 1/4개

 고구마 1/2개 (약 100g)

 계란 1개

 올리브오일 약간 (코코넛오일로 대체 가능)

단호박과 고구마를 잘 삶은 후, 껍질과 씨를 제거한다.

1의 단호박과 고구마를 으깬 후, 계란을 넣고 잘 섞는다.

전자레인지용 용기에 오일을 살짝 바른 뒤 2의 반죽을 담아 윗면을 매끈하게 다듬는다.

3의 용기에 랩을 씌운 후 작은 구멍을 몇 개 뚫고, 전자레인지에 3분간 돌린다.

전자레인지에서 용기를 꺼내 식힌 후, 케이크를 용기에서 꺼낸다.

 **TIP**

▸ 오일을 발라야 굽고 난 뒤 케이크가 용기에서 잘 떨어집니다.

▸ 전자레인지에서 익힌 후 반죽을 젓가락으로 찔렀을 때 반죽이 묻어 나오면 30초~1분 정도 더 돌려주세요.

전자레인지 활용 음식 4

감자케이크

누적 조회수
25.4만
(25/10/1 기준)

조리 시간	보관 방법	칼로리
20분	냉장 3일, 냉동 2주	전체 분량 140kcal

재료

 감자 1개 (약 100g)

 당근 20g
(다졌을 때 2큰술 정도)

 계란 1개

 올리브오일 약간
(코코넛오일로 대체 가능)

조리법

1. 감자는 잘 삶고, 당근은 말랑해질 때까지 데친 후 다진다.

2. 1의 감자의 껍질을 벗기고 으깬 후 계란, 1의 당근을 넣고 잘 섞는다.

3. 전자레인지용 용기에 오일을 살짝 바른 뒤 2의 반죽을 담아 윗면을 매끈하게 다듬는다.

4. 3의 용기에 랩을 씌운 후 작은 구멍을 몇 개 뚫고, 전자레인지에 3분간 돌린다.

5. 전자레인지에서 용기를 꺼내 식힌 후, 케이크를 용기에서 꺼낸다.

TIP

▶ 오일을 발라야 굽고 난 뒤 케이크가 용기에서 잘 떨어집니다.

▶ 전자레인지에서 익힌 후 반죽을 젓가락으로 찔렀을 때 반죽이 묻어 나오면 30초~1분 정도 더 돌려주세요.

🔲 **전자레인지 활용 음식 5**

치즈케이크

누적 조회수
7만
(25/10/1 기준)

⏱ 조리 시간	🧊 보관 방법	🍽 칼로리
20분	냉장 3일, 냉동 2주	전체 분량 240kcal

재료

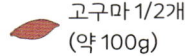
고구마 1/2개
(약 100g)

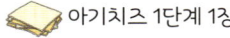
아기치즈 1단계 1장

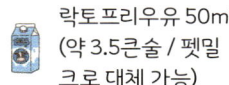
락토프리우유 50ml
(약 3.5큰술 / 펫밀
크로 대체 가능)

계란 1개

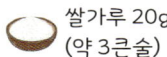
쌀가루 20g
(약 3큰술)

조리법

고구마는 삶아서 껍질을 벗기고 으깬 다음, 치즈를 넣고 잘 섞는다.

1에 우유, 계란, 쌀가루를 순서대로 넣고 잘 섞는다.

전자레인지용 용기에 오일을 살짝 바른 뒤 2의 반죽을 담아 윗면을 매끈하게 다듬는다.

3의 용기에 랩을 씌운 후 작은 구멍을 몇 개 뚫고, 전자레인지에 3분간 돌린다.

전자레인지에서 용기를 꺼내 식힌 후, 케이크를 용기에서 꺼낸다.

TIP

▶ 1에서 고구마와 치즈가 잘 섞이지 않으면 전자레인지에 30초 정도 돌린 후 섞어 주세요.

▶ 오일을 발라야 굽고 난 뒤 케이크가 용기에서 잘 떨어집니다.

▶ 전자레인지에서 익힌 후 반죽을 젓가락으로 찔렀을 때 반죽이 묻어 나오면 30초~1분 정도 더 돌려 주세요.

전자레인지 활용 음식 6

감자칩

누적 조회수
121.4만
(25/10/1 기준)

조리 시간
10분

보관 방법
냉장 5일, 냉동 3주

칼로리
전체 분량 35kcal

재료

조리법

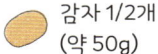
감자 1/2개
(약 50g)

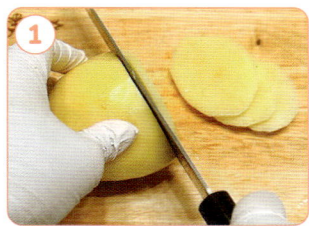

감자의 껍질을 벗긴 후 얇게 썬다.

1의 감자를 물에 20분 정도 담가 놓는다.

2의 감자를 전자레인지용 접시에 펼쳐 올린다.

3을 전자레인지에 2분 돌린 후 감자를 뒤집어 1분 30초간 돌리고, 다시 뒤집어 1분 더 돌린다.

 TIP

▶ 감자를 물에 충분히 담가 놓아야 더욱 바삭하게 만들 수 있어요.
▶ 전자레인지에 돌릴 때 중간중간 잘 식혀서 뒤집어야 타지 않아요.

🔲 전자레인지 활용 음식 7

고구마칩

누적 조회수
88.7만
(25/10/1 기준)

조리 시간	보관 방법	칼로리
10분	냉장 5일, 냉동 3주	전체 분량 85kcal

 재료　　　　 조리법

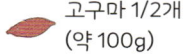
고구마 1/2개
(약 100g)

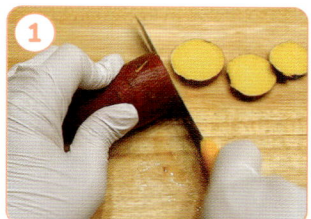
고구마를 얇게 썬다.

1의 고구마를 물에 20분 정도 담가 놓는다.

2의 고구마를 전자레인지용 접시에 펼쳐 올린다.

3을 전자레인지에 3분 동안 돌린다.

 TIP

▶ 고구마를 물에 충분히 담가 놓아야 더욱 바삭하게 만들 수 있어요.

전자레인지 활용 음식 8

두부칩

누적 조회수
172.6만
(25/10/1 기준)

조리 시간	보관 방법	칼로리
10분	냉장 5일, 냉동 3주	전체 분량 35kcal

재료

 두부 1/2모

조리법

두부를 찬물에 1시간 이상 담근 후, 끓는 물에 10~15분 정도 데친다.

키친타월로 두부의 물기를 최대한 제거한 후, 두부를 얇게 썬다.

2의 두부를 전자레인지용 접시에 펼쳐 올린다.

3을 전자레인지에 1분 30초씩 4회 돌린다. 이때 중간중간 뒤집어 가며 돌린다.

 **TIP**

▶ 두부를 물에 담가 간수를 충분히 빼 주세요.
▶ 전자레인지에 돌릴 때 중간중간 잘 식혀서 뒤집어야 타지 않아요.

전자레인지 활용 음식 9

두부콜리칩

누적 조회수
25.2만
(25/10/1 기준)

조리 시간
15분

보관 방법
냉장 5일, 냉동 3주

칼로리
전체 분량 35kcal

재료

 두부 1/2모

브로콜리 10g
(다졌을 때 1큰술 정도)

조리법

① 두부를 찬물에 1시간 이상 담근 후, 끓는 물에 10~15분 정도 데친다.

② 키친타월로 두부의 물기를 최대한 제거한다.

③ 브로콜리를 말랑해질 때까지 데친 후 다진다.

④ 2의 두부를 손으로 으깬 뒤, 3의 브로콜리와 함께 섞는다.

⑤ 종이 포일 위에 4를 펼친 뒤, 전자레인지에 3분 30초씩 2회 돌린다. 이때 중간에 뒤집은 후 돌린다.

 TIP

- 두부를 물에 담가 간수를 충분히 빼 주세요.
- 전자레인지에 돌릴 때 중간에 잘 식혀서 뒤집어야 타지 않아요.

전자레인지 활용 음식 10

바나나쿠키

누적 조회수
70.5만
(25/10/1 기준)

조리 시간
10분

보관 방법
냉장 3일, 냉동 3주

칼로리
전체 분량 120kcal

재료

 바나나 1개

 계란 1개

 쌀가루 160g (종이 컵으로 약 1.5컵)

 올리브오일 약간 (코코넛오일로 대체 가능)

조리법

바나나를 으깬 후 계란을 넣고 잘 섞는다.

1에 쌀가루와 올리브오일(생략 가능)을 넣고 반죽하여 한 덩어리로 뭉친다.

2의 반죽을 적당한 크기로 떼어 종이 포일 위에 조금씩 간격을 두고 올린다.

3을 전자레인지에 2분-1분-1분씩 돌린다. 이때 중간중간 뒤집어 가며 돌린다.

 TIP

▶ 치아가 약한 반려견을 위해 더 부드러운 식감으로 만드시려면 전자레인지에 1분 30초씩 2회단 돌려 주세요.
▶ 전자레인지에 돌릴 때 중간중간 잘 식혀서 뒤집어야 타지 않아요.
▶ 완성된 쿠키를 충분히 식혀야 더욱 바삭하게 만들 수 있어요.

🔲 전자레인지 활용 음식 11

우유쿠키

누적 조회수
10.9만
(25/10/1 기준)

조리 시간	보관 방법	칼로리
10분	냉장 5일, 냉동 3주	전체 분량 50kcal

재료

- 락토프리우유 30ml
  (약 2큰술 / 펫밀크로 대체 가능)
- 아기치즈 1단계 1장
- 쌀가루 50g
  (약 7.5큰술)

조리법

1. 우유에 치즈를 넣고 전자레인지에 30초간 돌린 후 잘 섞는다.

2. 1에 쌀가루를 넣고 섞어 한 덩어리로 뭉친다.

3. 2의 반죽을 적당한 크기로 떼어 종이 포일 위에 조금씩 간격을 두고 올린다.

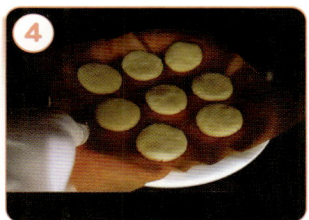

4. 3을 전자레인지에 30초씩 4~5회 돌린다. 이때 중간중간 뒤집어 가며 돌린다.

TIP

- 전자레인지에 돌릴 때 중간중간 잘 식혀서 뒤집어야 타지 않아요.
- 완성된 쿠키를 충분히 식혀야 더욱 바삭하게 만들 수 있어요.
- 1에서 우유와 치즈가 잘 섞이지 않으면 전자레인지에 30초 정도 더 돌린 후 섞어 주세요.

전자레인지 활용 음식 12

치즈과자

누적 조회수
220.8만
(25/10/1 기준)

조리 시간
5분

보관 방법
냉장 5일, 냉동 3주

칼로리
전체 분량 60kcal

재료	조리법

 아기치즈 1단계 1장

치즈를 9등분으로 자른다.

전자레인지용 접시에 종이 포일을 깔고 그 위에 1을 올린다.

2를 전자레인지에 2분간 돌린다.

바삭바삭 맛있는 치즈과자 완성!

▶ 접시에 종이 포일을 깔지 않으면 치즈가 접시에 눌어붙을 수 있어요.

전자레인지 활용 음식 13

오트밀크래커

누적 조회수
9.1만
(25/10/1 기준)

조리 시간	보관 방법	칼로리
10분	냉장 5일, 냉동 3주	전체 분량 280kcal

재료

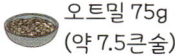
오트밀 75g
(약 7.5큰술)

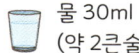
물 30ml
(약 2큰술)

검은깨 10g
(약 1큰술)

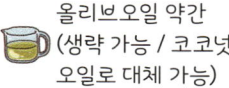
올리브오일 약간
(생략 가능 / 코코넛
오일로 대체 가능)

조리법

1. 오트밀을 믹서기에 간 후 물을 넣고 섞는다.

2. 1에 검은깨와 오일(생략 가능)을 넣어 섞고 한 덩어리로 뭉친다.

3. 2의 반죽을 밀대로 밀어 납작하게 만든다.

4. 3을 크래커 모양으로 자른 뒤, 포크로 찍어 모양을 낸다.

5. 4를 전자레인지에 2분-1분-1분씩 돌린다. 이때 중간중간 뒤집어 가며 돌린다.

TIP

▶ 전자레인지에 돌릴 때 중간중간 잘 식혀서 뒤집어야 타지 않아요.

🔲 전자레인지 활용 음식 14

치즈팝콘

누적 조회수
268.6만
(25/10/1 기준)

조리 시간
8분

보관 방법
냉장 5일, 냉동 3주

칼로리
전체 분량 80kcal

재료

- 아기치즈 1단계 1장
- 라이스페이퍼 2장

조리법

치즈를 16등분으로 자른다.

라이스페이퍼 1장 위에 1의 치즈를 띄엄띄엄 올린다.

나머지 라이스페이퍼 1장을 물에 적신 후 2 위에 올린다.

치즈를 중심으로 조금씩 간격을 두고 3을 잘라 종이 포일 위에 올린다.

4를 전자레인지에 2분간 돌린다.

TIP

▶ 접시에 종이 포일을 깔지 않으면 치즈가 접시에 눌어붙을 수 있어요.

▶ 4에서 라이스페이퍼를 자를 때 치즈가 넘치지 않도록 치즈보다 좀 더 크게 잘라 주세요.

전자레인지 활용 음식 15

계란푸딩

누적 조회수
30.3만
(25/10/1 기준)

조리 시간	보관 방법	칼로리
10분	냉장 2일, 냉동 2주	전체 분량 130kcal

재료

 락토프리우유 100ml (펫밀크로 대체 가능)

 계란 1개

 올리브오일 약간 (코코넛오일로 대체 가능)

조리법

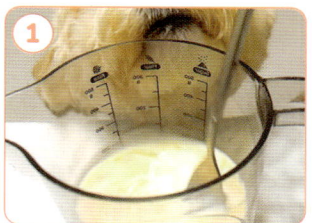

우유에 계란을 넣고 잘 섞는다.

전자레인지용 컵에 오일을 골고루 바른다.

1을 2의 컵에 붓고, 랩을 덮은 후 포크로 랩에 구멍을 뚫는다.

3을 전자레인지에 2분 30초씩 2회 돌린다.

TIP

- 굽고 났을 때 컵에서 반죽이 잘 떨어지도록 컵에 오일을 골고루 발라 주세요.
- 전자레인지에서 두 번째 돌리기 전에 김을 빼면서 잠시 식혀 주세요.

📺 전자레인지 활용 음식 16

카스텔라

누적 조회수
10.7만
(25/10/1 기준)

⏱ 조리 시간	🧊 보관 방법	🍴 칼로리
10분	냉장 2일, 냉동 2주	전체 분량 360kcal

재료

 조리법

- 락토프리우유 70ml
  (약 5큰술 / 펫밀크
  로 대체 가능)
- 아기치즈 1단계 1장
- 계란 1개
- 쌀가루 6큰술
  (약 40g)
- 올리브오일 약간
  (코코넛오일로 대체
  가능)

1. 우유에 치즈를 넣고 전자레인지에 30초~1분간 돌린 후 잘 섞는다.

2. ˙에 계란을 넣고 섞은 뒤, 쌀가루를 넣고 잘 섞는다.

3. 전자레인지용 용기에 오일을 살짝 바르고 2의 반죽을 담은 뒤, 랩으로 덮고 구멍을 몇 개 뚫어 전자레인지에 3분간 돌린다.

4. 잘 식힌 뒤 먹기 좋은 크기로 잘라 준다.

TIP

- 굽고 났을 때 컵에서 반죽이 잘 떨어지도록 컵에 오일을 골고루 발라 주세요.
- 1에서 우유와 치즈가 잘 섞이지 않으면 전자레인지에 30초 정도 더 돌린 후 섞어 주세요.

전자레인지 활용 음식 17

고구마수프

누적 조회수
43.9만
(25/10/1 기준)

조리 시간
5분

보관 방법
냉장 2일, 냉동 2주

칼로리
전체 분량 180kcal

재료

 고구마 1/2개
(약 100g)

 아기치즈 1단계 1장

 락토프리우유 70ml
(약 5큰술 / 펫밀크
로 대체 가능)

조리법

고구마는 삶아서 껍질을 벗기고 으깬 다음, 치즈를 넣고 잘 섞는다.

1에 우유를 넣고 잘 섞은 뒤, 전자레인지에 1분간 돌린다.

2를 전자레인지에서 꺼낸 후 잘 섞는다.

3이 식을 때까지 기다린 다음, 반려견에게 급여한다.

 **TIP**

▸ 1에서 고구마와 치즈가 잘 섞이지 않으면 전자레인지에 30초 정도 돌린 후 섞어 주세요.
▸ 우유의 용량은 고구마의 수분도에 따라 달라질 수 있으므로 1의 반죽 농도에 따라 조절해 주세요.

MENU

1. 고구마꽈배기
2. 고구마마가렛트
3. 에그타르트
4. 고구마도넛
5. 감자베이글
6. 당근두부스콘
7. 바나나빵
8. 치즈홈런볼
9. 두부볼
10. 고구마치즈볼
11. 바나나치즈볼
12. 메추리알볼
13. 병아리콩팝콘
14. 나초
15. 닭가슴살꿔바로우
16. 두부시리얼
17. 참깨스틱
18. 계란과자

2장
에어프라이어 활용 음식

에어프라이어 활용 음식 1

고구마꽈배기

누적 조회수
6.3만
(25/10/1 기준)

조리 시간	보관 방법	칼로리
30분	냉장 3일, 냉동 2주	전체 분량 250kcal

 ## 재료

 ## 조리법

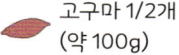 고구마 1/2개
(약 100g)

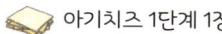 아기치즈 1단계 1장

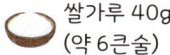 쌀가루 40g
(약 6큰술)

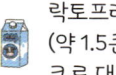 락토프리우유 20ml
(약 1.5큰술 / 펫밀크로 대체 가능)

고구마를 잘 삶은 뒤 껍질을 벗긴다.

1의 고구마를 으깬 후, 치즈를 넣고 잘 섞는다.

2에 쌀가루와 우유를 넣고 반죽하여 한 덩어리로 뭉친다.

3의 반죽을 적당한 크기로 떼어 길게 밀어 편 뒤, 서로 꼬아 꽈배기 모양을 만든다.

4를 에어프라이어에 넣고 160도로 15~20분간 돌린다.

TIP

▶ 2에서 고구마와 치즈가 잘 섞이지 않으면 전자레인지에 30초 정도 돌린 후 섞어 주세요.

에어프라이어 활용 음식 2

고구마마가렛트

누적 조회수
11.2만
(25/10/1 기준)

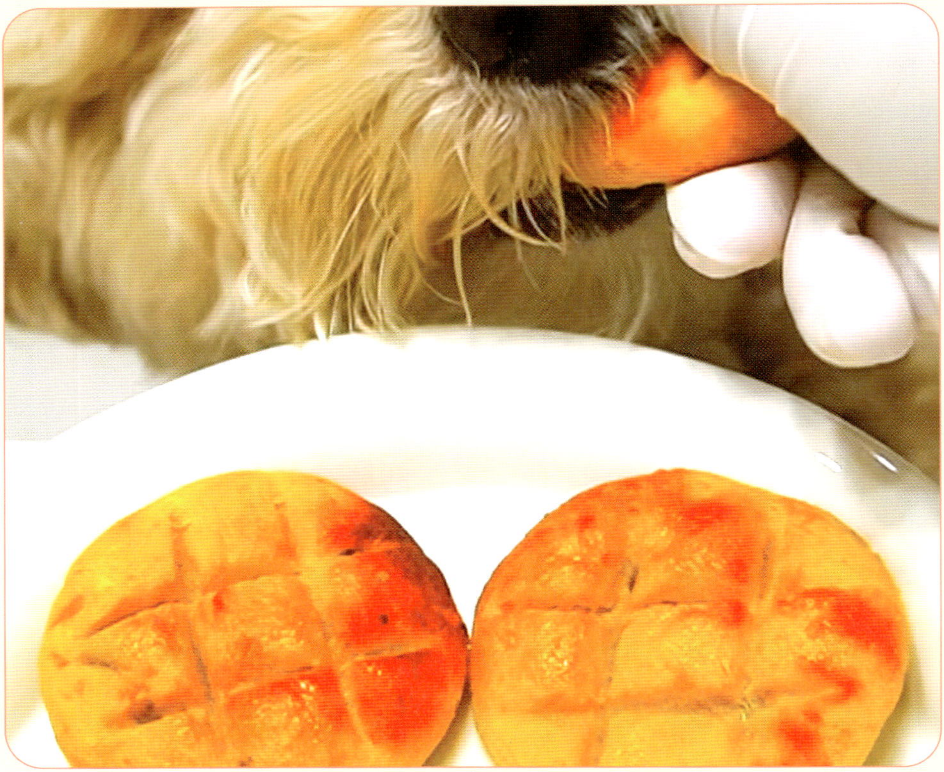

조리 시간
30분

보관 방법
냉장 3일, 냉동 2주

칼로리
전체 분량 360kcal

재료

- 고구마 1/2개 (약 120g)
- 계란 1개
- 쌀가루 60g (약 8큰술)

조리법

1. 고구마를 잘 삶은 뒤 껍질을 벗긴다.

2. 계란을 잘 풀어 준다.

3. 1의 고구마를 으깬 후, 2의 계란과 쌀가루를 넣고 섞어 한 덩어리로 뭉친다.

4. 3의 반죽을 적당한 크기로 떼어 동그랗게 굴린 후 누른 다음, 마가렛트 과자 무늬를 만든다.

5. 4를 에어프라이어에 넣고 170도로 15~20분간 돌린다.

TIP

▶ 오븐을 사용하실 경우, 180도에서 15~20분간 구워 주세요.

🍳 에어프라이어 활용 음식 3

에그타르트

누적 조회수
6.9만
(25/10/1 기준)

⏱ 조리 시간	🧊 보관 방법	🍽 칼로리
20분	냉장 3일, 냉동 2주	전체 분량 340kcal

재료　　　　　　　조리법

- 고구마 1/2개 (약 120g)
- 쌀가루 50g (약 7.5큰술)
- 계란 1~2개

고구마를 잘 삶은 뒤 껍질을 벗긴다.

1의 고구마를 으깬 후, 쌀가루를 넣고 섞어 한 덩어리로 뭉친다.

2의 반죽을 적당한 크기로 떼어 그릇 모양의 타르트 형태를 만든다.

계란을 잘 푼 뒤, 3의 그릇 형태 안에 붓는다.

4를 에어프라이어에 넣고 170도로 15분간 돌린다.

 TIP

- 쌀가루는 오트밀 가루로 대체할 수 있어요.
- 오븐을 사용하실 경우, 동일하게 170도에서 15분간 구워 주세요.

에어프라이어 활용 음식 4

고구마도넛

누적 조회수
9.7만
(25/10/1 기준)

조리 시간	보관 방법	칼로리
30분	냉장 3일, 냉동 2주	전체 분량 180kcal

재료

- 고구마 1/2개 (약 100g)
- (찹)쌀가루 25g (약 3.5큰술)

조리법

1. 고구마를 잘 삶은 뒤 껍질을 벗긴다.

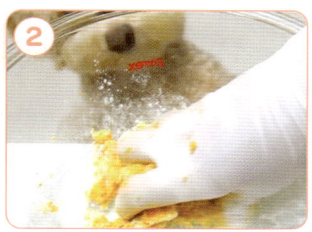
2. 1의 고구마를 으깬 후, 찹쌀가루(쌀가루)를 넣고 섞어 한 덩어리로 뭉친다.

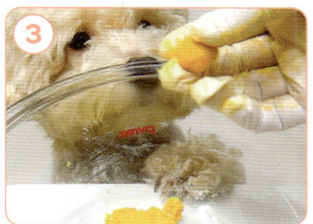
3. 2의 반죽을 조금씩 떼어 동그란 모양으로 만든다.

4. 3의 동그란 반죽 6개를 붙여 도넛 모양으로 만든다.

5. 4를 에어프라이어에 넣고 170도로 15~20분간 돌린다.

TIP
▶ 오븐을 사용하실 경우, 동일하게 170도에서 15~20분간 구워 주세요.

🫕 에어프라이어 활용 음식 5

감자베이글

누적 조회수
60.8만
(25/10/1 기준)

⏱ 조리 시간	🧊 보관 방법	🍽 칼로리
45분	냉장 3일, 냉동 2주	전체 분량 350kcal

조리법

재료

 감자 1.5개
(약 150g)

 당근 30g
(약 1/5개)

 아기치즈 1단계 1장

 쌀가루 50g
(약 7.5큰술)

 락토프리우유 10ml
(약 1큰술 / 펫밀크
로 대체 가능)

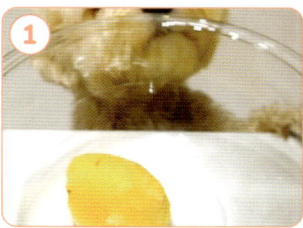

1. 감자와 당근을 잘 삶은 뒤, 감자의 껍질을 벗긴다.

2. 1의 감자는 으깨고, 당근은 다진 후 치즈를 넣고 잘 섞는다.

3. 2에 쌀가루와 우유를 넣고 섞어 한 덩어리로 뭉친다.

4. 3의 반죽을 적당한 크기로 떼어 길게 민 후, 반죽의 양 끝을 붙여 베이글 모양으로 만든다.

5. 4를 에어프라이어에 넣고 160도로 20~30분간 돌린다.

 TIP

▶ 당근은 손으로 으깨지는 말랑한 정도까지 삶아 주세요. (약 10~20분 정도)

▶ 2에서 감자, 당근, 치즈가 잘 섞이지 않으면 전자레인지에 30초 정도 돌린 후 섞어 주세요.

▶ 오븐을 사용하실 경우, 동일하게 160도에서 20~30분간 구워 주세요.

🍳 에어프라이어 활용 음식 6

당근두부스콘

누적 조회수
161만
(25/10/1 기준)

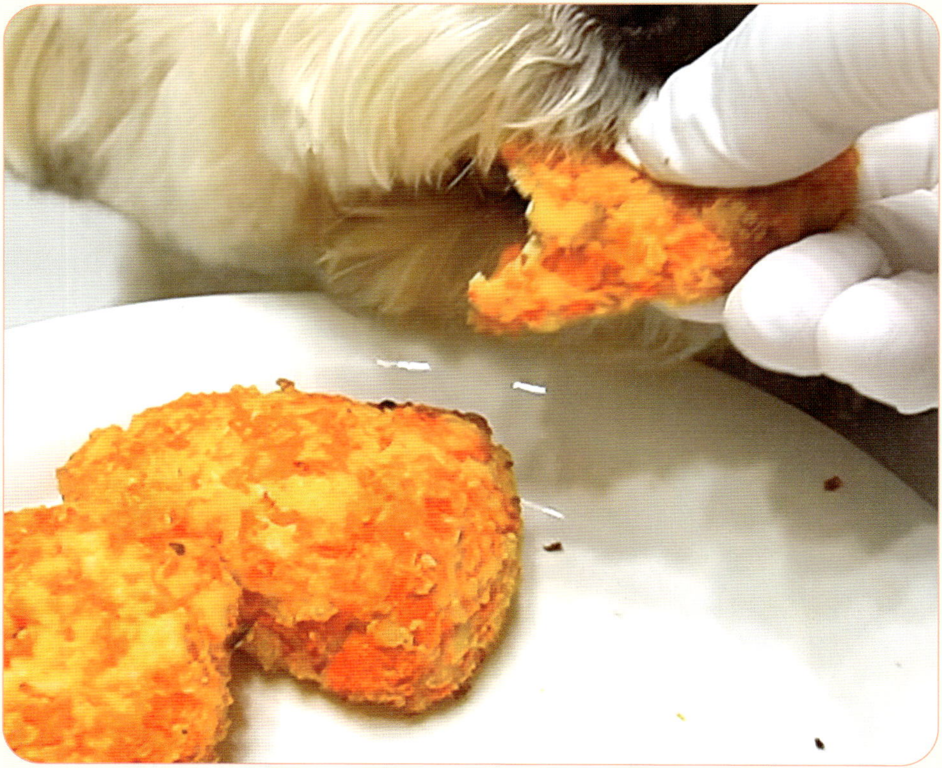

⏱ **조리 시간**	📱 **보관 방법**	🍽 **칼로리**
60분	냉장 3일, 냉동 3주	전체 분량 60kcal

 **재료** **조리법**

 두부 1/2모

 당근 80g
(약 1/3개)

두부를 찬물에 1시간 이상 담가 놓는다.

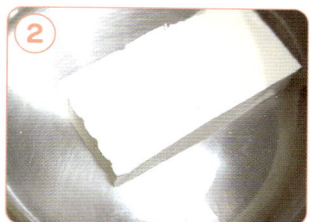

1의 두부와 당근을 10~15분간 데친다.

2의 당근을 다진 후, 2의 두부와 함께 섞어 스콘 모양으로 만든다.

3을 에어프라이어에 넣고 160도로 30분간 돌린 뒤, 뒤집어서 20분간 더 돌린다.

 TIP

▸ 두부를 물에 담가 간수를 충분히 빼 주세요.
▸ 당근은 손으로 으깨지는 말랑한 정도까지 삶아 주세요. (약 10~20분 정도)

🧊 에어프라이어 활용 음식 7

바나나빵

누적 조회수
20.6만
(25/10/1 기준)

⏱ 조리 시간	🧊 보관 방법	🍽 칼로리
15분	냉장 3일, 냉동 3주	전체 분량 360kcal

 **재료** **조리법**

 바나나 1개

 쌀가루 80g
(약 12큰술)

바나나를 잘 으깬다.

1의 바나나에 쌀가루를 넣고 잘 섞는다.

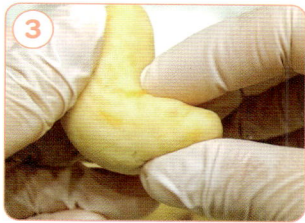

2의 반죽을 적당한 크기로 떼어 바나나 모양으로 만든다.

3을 에어프라이어에 넣고 160도로 10분간 돌린다.

 **TIP**

▶ 2의 반죽이 질다고 느껴지면 쌀가루를 조금 더 추가해서 반죽해 주세요.

에어프라이어 활용 음식 8

치즈홈런볼

누적 조회수
176.2만
(25/10/1 기준)

조리 시간
10분

보관 방법
냉장 3일, 냉동 3주

칼로리
전체 분량 260kcal

재료

 락토프리우유 30ml
(약 2큰술 / 펫밀크로 대체 가능)

 아기치즈 1단계 1장

 쌀가루 50g
(약 7.5큰술)

조리법

우유에 치즈를 넣고 전자레인지에 30초간 돌린 후 잘 섞는다.

1에 쌀가루를 넣고 섞어 한 덩어리로 뭉친다.

2의 반죽을 조금씩 뗀 후 동그랗게 굴려 한입 크기로 만든다.

3을 에어프라이어에 넣고 170도로 7분간 돌린다.

 **TIP**

▶ 1에서 우유와 치즈가 잘 섞이지 않으면 전자레인지에 30초 정도 더 돌린 후 섞어 주세요.

에어프라이어 활용 음식 9

두부볼

누적 조회수
52.7만
(25/10/1 기준)

조리 시간
20분

보관 방법
냉장 3일, 냉동 3주

칼로리
전체 분량 170kcal

재료 조리법

 두부 1/2모

 아기치즈 1단계 1장

 쌀가루 20g (약 3큰술)

두부를 찬물에 1시간 이상 담근 후, 끓는 물에 10~15분 정도 데친다.

키친타월로 두부의 물기를 최대한 제거한 후 으깬다.

2의 두부 위에 치즈를 얹어 전자레인지에 30초간 돌린 뒤, 쌀가루를 넣고 잘 섞는다.

3의 반죽을 조금씩 뗀 후 동그랗게 굴려 한입 크기로 만든다.

4를 에어프라이어에 넣고 170도로 10분간 돌린다.

 **TIP**

▶ 두부를 물에 담가 간수를 충분히 빼 주세요.

▶ 3에서 치즈가 잘 섞이지 않으면 전자레인지에 30초 정도 더 돌린 후 섞어 주세요.

▶ 오븐을 사용하실 경우, 동일하게 170도에서 10분간 구워 주세요.

에어프라이어 활용 음식 10

고구마치즈볼

누적 조회수
105.8만
(25/10/1 기준)

조리 시간
20분

보관 방법
냉장 3일, 냉동 3주

칼로리
전체 분량 150kcal

재료	조리법

재료
- 고구마 1/2개 (약 100g)
- 아기치즈 1단계 1장

1. 고구마를 삶은 뒤 껍질을 벗기고 으깬다.

2. 1의 고구마 위에 치즈를 얹어 전자레인지에 30초간 돌린 뒤 잘 섞는다.

3. 2의 반죽을 조금씩 뗀 후 동그랗게 굴려 한입 크기로 만든다.

4. 3을 에어프라이어에 넣고 160도로 15분간 돌린다.

TIP
▶ 2에서 고구마와 치즈가 잘 섞이지 않으면 전자레인지에 30초 정도 더 돌린 후 섞어 주세요.

에어프라이어 활용 음식 11

바나나치즈볼

누적 조회수
216.3만
(25/10/1 기준)

조리 시간
15분

보관 방법
냉장 3일, 냉동 3주

칼로리
전체 분량 120kcal

재료

 바나나 1/2개

 아기치즈 1단계 1장

 쌀가루 50g
(약 7.5큰술)

 계란 노른자 1개

조리법

 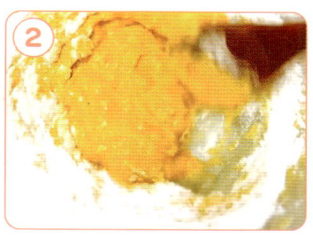

바나나를 으깬 후 치즈를 넣고 전자레인지에 30초간 돌린 뒤 잘 섞는다.

1에 쌀가루와 계란 노른자를 넣고 잘 섞는다.

2의 반죽을 조금씩 뗀 후 동그랗게 굴려 한입 크기로 만든다.

3을 에어프라이어에 넣고 160도로 10분간 돌린다.

 **TIP**

▶ 1에서 바나나와 치즈가 잘 섞이지 않으면 전자레인지에 30초 정도 더 돌린 후 섞어 주세요.

▶ 2에서 반죽이 질다고 느껴지면 쌀가루를 조금 더 추가해서 반죽해 주세요.

▶ 오븐을 사용하실 경우, 동일하게 160도에서 10분간 구워 주세요.

▶ 냉장 보관 후 전자레인지에 10~20초 정도 돌리면 다시 말랑촉촉하게 급여하실 수 있습니다.

에어프라이어 활용 음식 12

메추리알볼

누적 조회수
6.4만
(25/10/1 기준)

조리 시간
20분

보관 방법
냉장 3일, 냉동 3주

칼로리
전체 분량 240kcal

재료

- 닭가슴살 1덩어리 (약 100g)
- 브로콜리(혹은 당근) 10g (다졌을 때 1큰술 정도 / 생략 가능)
- 메추리알 5개

조리법

닭가슴살을 믹서기나 분쇄기(초퍼)로 갈고, 채소(생략 가능)는 데친 후 다져서 닭가슴살과 함께 섞는다.

메추리알을 삶은 후 껍질을 깐다.

1로 2의 메추리알을 잘 감싼 후, 동그랗게 만든다.

3을 에어프라이어에 넣고 180도로 15분간 돌린다.

 TIP

▶ 강아지가 닭 알레르기가 있을 경우, 오리고기 등 다른 육류로 대체해 주세요.
▶ 오븐을 사용하실 경우, 동일하게 180도에서 15분간 구워 주세요.

에어프라이어 활용 음식 13

병아리콩팝콘

누적 조회수
168.1만
(25/10/1 기준)

조리 시간
30분

보관 방법
냉장 3일, 냉동 3주

칼로리
전체 분량 90kcal

재료

병아리콩 25g
(약 3큰술)

올리브오일 약간
(약 0.5큰술 / 코코넛오일로 대체 가능)

조리법

병아리콩을 6시간 이상 물에 불린다.

1의 병아리콩을 20분간 삶는다.

2의 병아리콩을 찬물에 씻은 후, 키친타월로 물기를 최대한 제거한다.

3의 병아리콩에 오일을 넣고 섞는다.

4를 에어프라이어에 넣고 190도로 20분간 돌린다.

 TIP

▶ 4에서 오일이 병아리콩에 전체적으로 묻도록 잘 섞어 주세요.

🍱 에어프라이어 활용 음식 14

나초

누적 조회수
235.6만
(25/10/1 기준)

⏱ **조리 시간**	🧊 **보관 방법**	🍽 **칼로리**
30분	냉장 3일, 냉동 2주	전체 분량 45kcal

 재료　　　　　　　 조리법

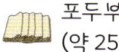
포두부 1장
(약 25g)

포두부를 30분 정도 물에 담가 놓는다.

1의 포두부를 끓는 물에 10분간 데친다.

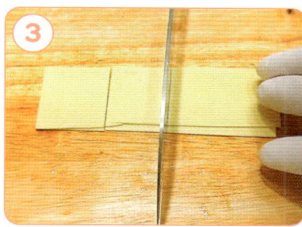

2의 포두부를 한입 크기로 자른다.

3을 에어프라이어에 넣고 180도로 15분간 돌린다.

 TIP

▶ 포두부를 물에 담가 간수를 충분히 빼 주세요.
▶ 반려견에게 급여하기 전, 나초가 날카롭지 않도록 나초 끝부분을 다듬어 주세요.

에어프라이어 활용 음식 15

닭가슴살꿔바로우

누적 조회수
54.8만
(25/10/1 기준)

조리 시간	보관 방법	칼로리
30분	냉장 3일, 냉동 2주	전체 분량 240kcal

재료

 닭가슴살 1덩어리 (약 100g)

 라이스페이퍼 4~5장

조리법

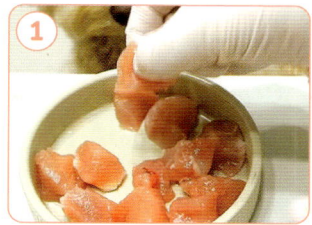

닭가슴살을 한입 크기로 썬다.

라이스페이퍼를 4등분하여 물에 담가 놓는다.

2의 라이스페이퍼에 1의 닭가슴살을 넣어 감싼다.

3을 에어프라이어에 넣고 180도로 20분간 돌린다.

 TIP

▸ 닭가슴살을 너무 크게 자르면 속이 안 익을 수 있으니, 적당한 한 입 크기로 잘라 주세요.

🍱 에어프라이어 활용 음식 16

두부시리얼

누적 조회수
12.1만
(25/10/1 기준)

⏱ 조리 시간	🧊 보관 방법	🍽 칼로리
30분	냉장 5일, 냉동 3주	전체 분량 360kcal

재료

- 두부 1/2모
- 쌀가루 40g (약 6큰술)
- 계란 노른자 1개

조리법

두부를 찬물에 1시간 이상 담근 후, 끓는 물에 10~15분 정도 데친다.

키친타월로 두부의 물기를 최대한 제거한 후, 쌀가루와 계란 노른자를 넣고 잘 섞는다.

2의 반죽을 짤주머니에 넣고 주머니 끝을 조금 자른 뒤, 종이 포일 위에 시리얼 모양으로 짠다.

3을 에어프라이어에 넣고 160도로 15~20분간 돌린다.

 TIP

▶ 두부를 물에 담가 간수를 충분히 빼 주세요.
▶ 짤주머니의 끝을 너무 많이 자르면 시리얼 모양이 잘 잡히지 않을 수 있습니다.
▶ 시리얼이 말랑할 경우, 에어프라이어를 3~5분 정도 더 돌려 주세요.

에어프라이어 활용 음식 17

참깨스틱

누적 조회수
6만
(25/10/1 기준)

조리 시간	보관 방법	칼로리
20분	냉장 3일, 냉동 2주	전체 분량 180kcal

재료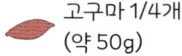

- 고구마 1/4개 (약 50g)
- 아기치즈 1단계 1장
- 쌀가루 20g (약 3큰술)
- 검은깨 약간 (약 0.5 큰술 / 생략 가능)

조리법

1. 고구마를 삶은 뒤 껍질을 벗기고 으깬다.

2. 1의 고구마에 치즈를 넣고 잘 섞는다.

3. 2에 쌀가루와 검은깨를 넣고 잘 섞는다.

4. 3의 반죽을 적당한 크기로 떼어 동그랗게 굴린 뒤, 바닥에 대고 밀면서 막대 모양으로 만든다.

5. 4를 에어프라이어에 넣고 180도로 10~15분간 돌린다.

 **TIP**

- ▶ 2에서 고구마와 치즈가 잘 섞이지 않으면 전자레인지에 30초 정도 돌린 후 섞어 주세요.
- ▶ 검은깨는 취향에 맞게 가감해 주세요.

에어프라이어 활용 음식 18

계란과자

누적 조회수
6만
(25/10/1 기준)

조리 시간
25분

보관 방법
냉장 3일, 냉동 3주

칼로리
전체 분량 340kcal

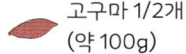 재료

 조리법

- 고구마 1/2개 (약 100g)
- 계란 1개
- 쌀가루 50g (약 7.5큰술)

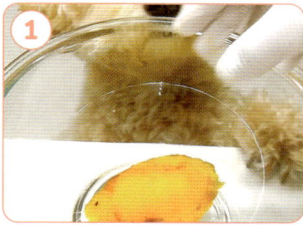

고구마를 삶은 뒤 껍질을 벗기고 으깬다.

1의 고구마에 계란과 쌀가루를 넣고 섞어 한 덩어리로 뭉친다.

2의 반죽을 조금씩 떼어 둥글납작한 과자 모양으로 만든다.

3을 에어프라이어에 넣고 180도로 10분간 돌린 뒤, 뒤집어서 10분간 더 돌린다.

 TIP

▶ 2의 반죽이 너무 질퍽해서 손에 달라붙는다면, 쌀가루를 더 추가해 가며 반죽 농도를 조절해 주세요.
▶ 오븐을 사용하실 경우, 동일하게 180도에서 10분, 뒤집어서 10분간 구워 주세요.

MENU

1. 바나나아이스크림
2. 베리요거트칩
3. 바나나젤라또
4. 크림파스타
5. 단호박뇨끼
6. 호박전
7. 동그랑땡
8. 떡국
9. 송편
10. 치즈구마호떡
11. 닭가슴살소시지
12. 바나나푸딩
13. 우유케이크
14. 양갱
15. 멍푸치노

NO 전자제품 활용 음식

3장

NO 전자제품 활용 음식 1

바나나아이스크림

누적 조회수
13.9만
(25/10/1 기준)

조리 시간
10분

보관 방법
냉동 3주

칼로리
전체 분량 285kcal

재료

 바나나 1/2개

 계란 노른자 2개

 락토프리우유 100ml (펫밀크로 대체 가능)

 쌀가루 20g (약 3큰술)

조리법

바나나를 으깬 후 계란 노른자와 잘 섞는다.

1에 우유와 쌀가루를 넣고 섞는다.

2를 중불에서 약 30초~1분간 되직해질 때까지 잘 저어 가며 가열한다.

3을 충분히 식힌 뒤, 냉동실에 넣고 4시간 이상 굳힌다.

 TIP

▶ 3에서 가열할 때 젓지 않으면 탈 수 있으니 조심해 주세요.

NO 전자제품 활용 음식 2

베리요거트칩

누적 조회수
17.2만
(25/10/1 기준)

조리 시간	보관 방법	칼로리
5분	냉동 3주	전체 분량 45kcal

재료

 무가당 그릭요거트 30g (약 2큰술)

 블루베리 8개

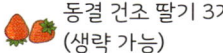 동결 건조 딸기 3개 (생략 가능)

조리법

그릭요거트를 종이 포일 위에 펴 바른다.

1에 블루베리와 동결 건조 딸기 (생략 가능)를 올려 꾸민다.

2를 냉동실에 2시간 정도 넣고 굳힌다.

3을 적당한 한입 크기로 쪼개어 급여한다.

 **TIP**

▶ 딸기를 얼려서 사용하면 너무 딱딱할 수 있으므로, 딸기를 사용할 때는 되도록 동결 건조 딸기를 사용하는 것이 좋아요.

NO 전자제품 활용 음식 3

바나나젤라또

누적 조회수
17만
(25/10/1 기준)

조리 시간
5분

보관 방법
냉장 3일, 냉동 2주

칼로리
전체 분량 100kcal

 조리법

 바나나 1개

 블루베리 15개
(약 30g)

바나나를 한입 크기로 자른다.

1의 바나나를 냉동실에서 2~3 시간 동안 얼린다.

2의 바나나를 블루베리와 함께 믹서기에 간다.

3을 적당량씩 나누어 반려견에게 급여한다.

 **TIP**

▶ 1에서 바나나를 한입 크기로 잘라야 잘 얼릴 수 있어요.

NO 전자제품 활용 음식 4

크림파스타

누적 조회수
25.7만
(25/10/1 기준)

조리 시간
40분

보관 방법
냉장 2일, 냉동 2주

칼로리
전체 분량 200kcal

재료

 두부면 약 30g

 락토프리우유 150ml (펫밀크로 대체 가능)

 아기치즈 1단계 1장

파슬리 가루 약간 (생략 가능)

조리법

두부면을 찬물에 30분~1시간 정도 담근 후, 끓는 물에 15분 정도 데친다.

우유를 프라이팬에 붓고, 중불에서 기포가 날 때까지 끓인다.

2에 치즈를 넣고 중불에서 잘 저어 가며 끓인다.

3에 1의 두부면을 넣고, 약간 꾸덕해질 때까지 저어 가며 약 10~15분간 끓인다.

4에 파슬리 가루(생략 가능)를 뿌린다.

 TIP

▶ 강아지가 뜨겁지 않도록 충분히 식힌 후 급여해 주세요.

▶ 브로콜리나 당근 등의 채소를 조금 넣어 주셔도 좋습니다.

🍴 NO 전자제품 활용 음식 5

단호박뇨끼

누적 조회수
4.9만
(25/10/1 기준)

조리 시간
30분

보관 방법
냉장 3일, 냉동 2주

칼로리
전체 분량 350kcal

 **재료** **조리법**

- 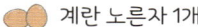 단호박 1개 (약 200g)
- 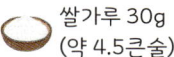 계란 노른자 1개
- 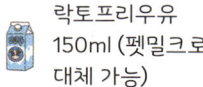 쌀가루 30g (약 4.5큰술)
- 락토프리우유 150ml (펫밀크로 대체 가능)

단호박을 삶은 후, 껍질과 속을 제거하여 으깬다.

1의 단호박 3/4에 계란 노른자, 쌀가루를 넣고 섞어 한 덩어리로 뭉친다.

2의 반죽을 적당한 크기로 뗀 후, 포크로 뇨끼 모양을 낸다.

3을 끓는 물에 넣고 익힌 뒤, 반죽이 물 위로 떠오르면 건진다.

우유를 프라이팬에서 끓이다가 남은 단호박 1/4을 넣는다. 꾸덕해질 때까지 저어 가며 끓인 후 4에 붓는다.

 **TIP**

▶ 2의 반죽이 질어서 손에 달라붙는다면 쌀가루를 조금 더 추가해 주세요.

▶ 강아지가 뜨겁지 않도록 충분히 식힌 후 급여해 주세요.

NO 전자제품 활용 음식 6

호박전

누적 조회수
21.3만
(25/10/1 기준)

조리 시간	보관 방법	칼로리
15분	냉장 3일, 냉동 3주	전체 분량 90kcal

재료

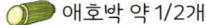 애호박 약 1/2개

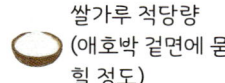 쌀가루 적당량 (애호박 겉면에 묻힐 정도)

 계란 1개

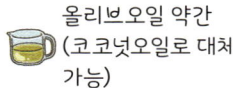 올리브오일 약간 (코코넛오일로 대체 가능)

조리법

애호박을 적당히 얇은 두께로 썬다.

접시에 쌀가루, 푼 계란을 각각 준비한다.

1의 애호박을 쌀가루에 묻힌 다음, 계란물을 묻힌다.

프라이팬에 오일을 살짝 두르고 3을 앞뒤로 노릇하게 굽는다.

TIP

▶ 애호박이 타지 않고 익을 수 있을 정도의 두께로 썰어 주세요.

NO 전자제품 활용 음식 7

동그랑땡

누적 조회수
6.9만
(25/10/1 기준)

- 조리 시간: 40분
- 보관 방법: 냉장 3일, 냉동 3주
- 칼로리: 전체 분량 300kcal

재료

 돼지안심 200g

 당근 15g
(다졌을 때 1큰술 정도)

 두부 1/4모

올리브오일 약간
(코코넛오일로 대체 가능)

조리법

돼지안심과 당근을 충분히 다진다.

1의 돼지안심과 당근을 두부와 함께 잘 섞는다.

2의 반죽을 조금씩 떼어 동그랗게 만든 후 납작하게 누른다.

프라이팬에 오일을 살짝 두르고 3을 뒤집어 가며 잘 익힌다.

TIP

- 두부는 염분 제거를 위해 찬물에 30분~1시간 정도 담근 후 10분간 데쳐서 사용해 주세요.
- 에어프라이어를 사용하실 경우, 200도에서 15분 정도 구워 주세요.

NO 전자제품 활용 음식 8

떡국

누적 조회수
13.7만
(25/10/1 기준)

조리 시간
10분

보관 방법
냉장 3일, 냉동 2주

칼로리
전체 분량 310kcal

재료
조리법

 쌀가루 40g (약 6큰술)

 뜨거운 물 10ml

 닭가슴살 1덩어리 (약 100g)

 락토프리우유 소량 (약 10ml / 펫밀크로 대체 가능)

쌀가루에 뜨거운 물을 넣고 반죽한다.

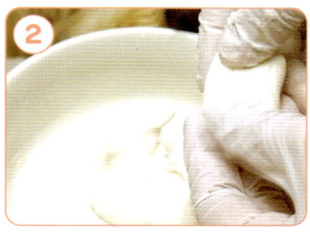

1의 반죽을 조금씩 떼어 떡 모양으로 만든 후, 끓는 물에 약 5분간 데친다.

닭가슴살을 삶은 후, 육수를 그릇에 담아 놓는다.

그릇에 3의 닭가슴살 육수, 2의 떡, 3의 닭가슴살을 찢어 올린 후 우유를 소량 넣는다.

▶ 4에서 우유는 색을 내기 위한 용도로, 생략 가능해요.

NO 전자제품 활용 음식 9

송편

누적 조회수
8.8만
(25/10/1 기준)

조리 시간
20분

보관 방법
냉장 3일, 냉동 3주

칼로리
전체 분량 440kcal

재료

 쌀가루 100g
(종이컵으로 약 1컵)

 뜨거운 물 50ml

 고구마 1/2개
(약 100g)

조리법

쌀가루에 뜨거운 물을 넣고 반죽한다.

고구마는 삶은 다음, 껍질을 벗기고 으깬다.

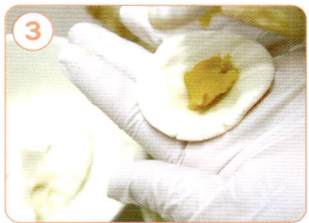

1의 반죽을 조금씩 떼어 동그란 모양으로 편 후, 안에 2의 고구마를 넣고 송편 모양으로 만든다.

3을 찜기에서 10~15분간 찐다.

 TIP

▶ 3에서 반죽이 너무 얇으면 고구마가 밖으로 튀어나올 수 있으므로, 반죽을 적당한 두께로 만들어 주세요.

NO 전자제품 활용 음식 10

치즈구마호떡

누적 조회수
5.7만
(25/10/1 기준)

🕐 **조리 시간**
20분

🗄 **보관 방법**
냉장 3일, 냉동 3주

🍽 **칼로리**
전체 분량 220kcal

재료

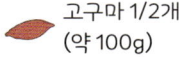 고구마 1/2개 (약 100g)

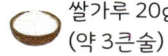 쌀가루 20g (약 3큰술)

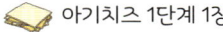 아기치즈 1단계 1장

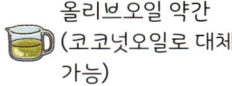 올리브 오일 약간 (코코넛오일로 대체 가능)

조리법

고구마는 삶은 다음, 껍질을 벗기고 으깬다.

1에 쌀가루를 넣고 섞어 한 덩어리로 뭉친다.

2의 반죽을 적당량씩 떼어 동그란 모양으로 편 후, 치즈 1장을 세로로 4등분하여 접어서 넣고 감싼다.

프라이팬에 오일을 살짝 두르고 3을 납작하게 누르며 중약불에서 익힌다.

TIP

- 4에서 센 불로 하면 호떡 겉면이 탈 수 있으므로, 중약불에서 뒤집어 가며 구워 주세요.
- 호떡 속 치즈가 뜨거울 수 있으므로, 충분히 식힌 후에 반려견에게 급여해 주세요.

NO 전자제품 활용 음식 11

닭가슴살소시지

누적 조회수
6만
(25/10/1 기준)

조리 시간
20분

보관 방법
냉장 3일, 냉동 3주

칼로리
전체 분량 160kcal

재료　　　　　　　　조리법

 닭가슴살 1덩어리
(약 100g)

 당근 30g
(다졌을 때 2큰술 정도)

닭가슴살을 믹서기에 충분히 간다.

당근을 약 5분 정도 데친 뒤 다진다.

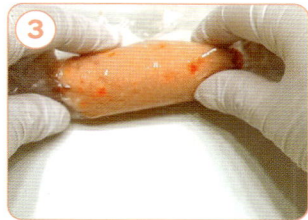
1의 닭가슴살과 2의 당근을 섞어서 랩 위에 올린 뒤, 소시지 모양으로 만들어 감싼다.

3을 찜기에서 10~15분간 찐다.

 TIP

▶ 강아지가 뜨겁지 않도록 충분히 식힌 후 급여해 주세요.

NO 전자제품 활용 음식 12

바나나푸딩

누적 조회수
57.3만
(25/10/1 기준)

조리 시간	보관 방법	칼로리
25분	냉장 3일, 냉동 2주	전체 분량 80kcal

재료   **조리법**

 바나나 1/2개

 계란 노른자 1개

 물 50ml

바나나를 잘 으깬다.

1의 바나나에 계란 노른자와 물을 넣고 섞는다.

2를 적당한 크기의 그릇에 담은 후 찜기에서 20분 정도 찐다.

3을 냉장고에서 충분히 식힌다.

 TIP

▶ 더욱 부드러운 푸딩을 원하실 경우, 2의 반죽을 체에 한 번 걸러서 사용해 주세요.

NO 전자제품 활용 음식 13

우유케이크

누적 조회수
7.8만
(25/10/1 기준)

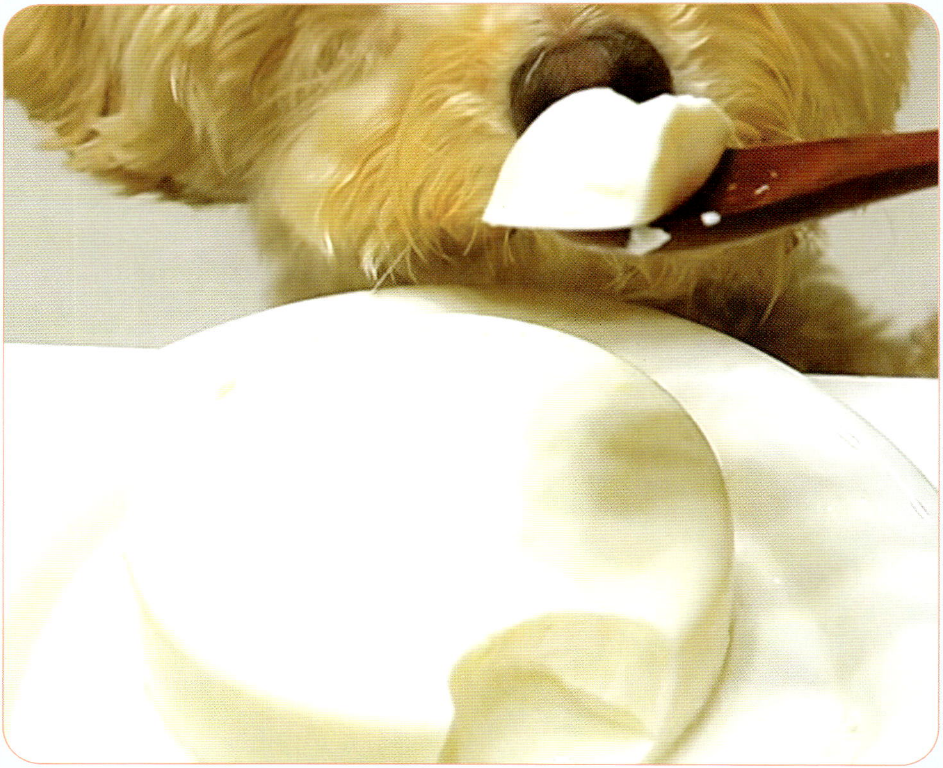

조리 시간	보관 방법	칼로리
10분	냉장 3일, 냉동 3주	전체 분량 120kcal

재료

 락토프리우유 200ml (펫밀크로 대체 가능)

 한천가루 2g (약 1작은술)

조리법

우유를 끓인다.

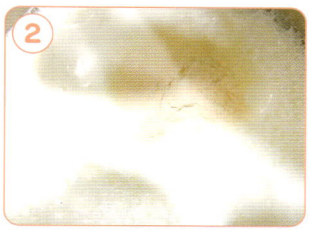

끓어오른 우유에 한천가루를 넣고 중약불에서 약 5분간 잘 저어 가며 끓인다.

2를 충분히 식힌 뒤, 적당한 용기에 담는다.

3을 냉동실에 넣고 1시간 이상 굳힌다.

 **TIP**

▶ 2에서 한천가루가 잘 풀어지도록 꾸준히 저으면서 끓여 주세요.

NO 전자제품 활용 음식 14

양갱

누적 조회수
6.7만
(25/10/1 기준)

조리 시간
15분

보관 방법
냉장 3일, 냉동 2주

칼로리
전체 분량 120kcal

재료

 한천가루 10g (약 1큰술)

 물 3큰술, 물 120ml

 단호박 1개 (약 200g)

조리법

한천가루에 물 3큰술을 넣어 불리고, 단호박은 삶아서 껍질과 속을 제거하고 으깬다.

믹서기에 1의 불린 한천가루와 단호박, 물 120ml(약 반 컵)를 넣고 간다.

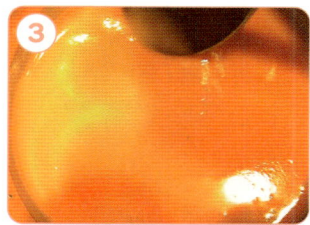

2를 중불에서 저어 가며 3~5분 간 가열한다.

3을 적당한 용기에 담아 냉동실에서 1시간 동안 굳힌다.

▶ 3에서 한천가루가 잘 풀어지도록 꾸준히 저으면서 끓여 주세요.

🍴 NO 전자제품 활용 음식 15

멍푸치노

누적 조회수
34.4만
(25/10/1 기준)

조리 시간
15분

보관 방법
냉장 3일

칼로리
전체 분량 120kcal

재료

 조리법

- 락토프리우유 200ml (펫밀크로 대체 가능)
- 캐롭파우더 3g (약 1작은술)

① 우유 150ml에 캐롭파우더를 넣고 잘 섞는다.

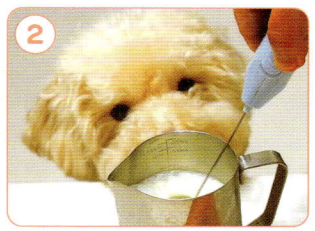

② 우유 50ml를 냉장고에 넣어 차갑게 한 뒤, 거품기로 우유 거품을 낸다.

2의 우유 거품을 1에 올린다.

3 위에 캐롭파우더를 한 꼬집 뿌린다.

 TIP

▶ 1에서 우유와 캐롭파우더가 잘 섞이도록 우유를 살짝 따뜻하게 해서 사용하시는 게 좋아요.
▶ 우유 거품은 차가운 온도에서 더 쉽게 만들 수 있어요.

칼로리순(낮은 것부터)에 따른 음식 색인

감자칩	35kcal	32쪽	고구마수프	180kcal	54쪽
두부칩	35kcal	36쪽	고구마도넛	180kcal	64쪽
두부콜리칩	35kcal	38쪽	참깨스틱	180kcal	90쪽
나초	45kcal	84쪽	바나나당근케이크	190kcal	22쪽
베리요거트칩	45kcal	98쪽	바나나콜리케이크	190kcal	24쪽
우유쿠키	50kcal	42쪽	크림파스타	200kcal	102쪽
치즈과자	60kcal	44쪽	치즈구마호떡	220kcal	114쪽
당근두부스콘	60kcal	68쪽	치즈케이크	240kcal	30쪽
치즈팝콘	80kcal	48쪽	메추리알볼	240kcal	80쪽
바나나푸딩	80kcal	118쪽	닭가슴살꿔바로우	240kcal	86쪽
고구마칩	85kcal	34쪽	고구마꽈배기	250kcal	58쪽
병아리콩팝콘	90kcal	82쪽	치즈홈런볼	260kcal	72쪽
호박전	90kcal	106쪽	오트밀크래커	280kcal	46쪽
바나나젤라또	100kcal	100쪽	바나나아이스크림	285kcal	96쪽
바나나쿠키	120kcal	40쪽	동그랑땡	300kcal	108쪽
바나나치즈볼	120kcal	78쪽	떡국	310kcal	110쪽
우유케이크	120kcal	120쪽	에그타르트	340kcal	62쪽
양갱	120kcal	122쪽	계란과자	340kcal	92쪽
멍푸치노	120kcal	124쪽	감자베이글	350kcal	66쪽
계란푸딩	130kcal	50쪽	단호박뇨끼	350kcal	104쪽
감자케이크	140kcal	28쪽	카스텔라	360kcal	52쪽
고구마치즈볼	150kcal	76쪽	고구마마가렛트	360kcal	60쪽
닭가슴살소시지	160kcal	116쪽	바나나빵	360kcal	70쪽
호박구마케이크	170kcal	26쪽	두부시리얼	360kcal	88쪽
두부볼	170kcal	74쪽	송편	440kcal	112쪽

초간단 우리 강아지 간식 50

초판 1쇄 발행   2025년 10월 31일

지은이   김지우
펴낸곳   ㈜에스제이더블유인터내셔널
펴낸이   양홍걸 이시원

홈페이지   siwonbooks.com
블로그·인스타·페이스북   siwonbooks
주소   서울시 영등포구 영신로 166 시원스쿨
구입 문의   02)2014-8151
고객센터   02)6409-0878

ISBN   979-11-7550-020-4 13590

이 책은 저작권법에 따라 보호받는 저작물이므로 무단복제와 무단전재를 금합니다. 이 책 내용의 전부 또는 일부를 이용하려면 반드시 저작권자와 ㈜에스제이더블유인터내셔널의 서면 동의를 받아야 합니다.

시원북스는 ㈜에스제이더블유인터내셔널의 단행본 브랜드입니다.

독자 여러분의 투고를 기다립니다.
책에 관한 아이디어나 투고를 보내주세요.
siwonbooks@siwonschool.com